Les illustrations de K.

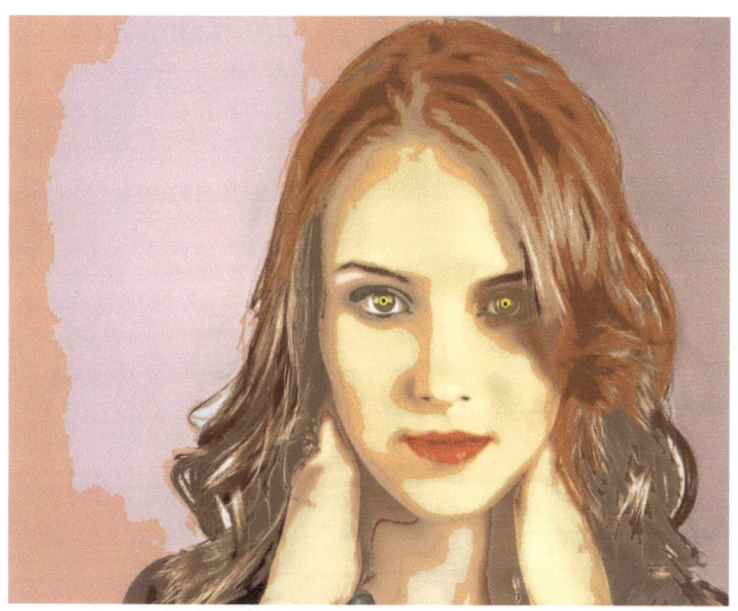

Le labyrinthe de la folie

Le thriller de Stéphane KISLIG
Illustré par K.

Texte original : **Stéphane KISLIG** Autoédition
Amazon France
Création V1 Décembre 2021
Thriller « *Ombres à l'Est* » Amazon 2020

Texte original :
Stéphane KISLIG Autoédition Amazon France
Création V1 Décembre 2021

Couverture du livre réalisée par l'artiste Olivier Cardin
Version en Noir et Blanc *ou*
Version Collector en Couleur : 213 pages
Commandez en ligne les 2 ouvrages sur Amazon
Thriller illustré par K.

« Le Code de la propriété intellectuelle et artistique n'autorisant, aux termes des alinéas 2 et 3 de l'article L.122-5, d'une part, que les « copies ou reproductions strictement réservées à l'usage privé du copiste et non destinées à une utilisation collective » et, d'autre part, que les analyses et les courtes citations dans un but d'exemple et d'illustration, « toute représentation ou reproduction intégrale, ou partielle, faite sans le consentement de l'auteur ou de ses ayants droit ou ayants cause, est illicite » (alinéa 1er de l'article L. 122-4). Cette représentation ou reproduction, par quelque procédé que ce soit, constituerait donc une contrefaçon sanctionnée par les articles 425 et suivants du Code pénal. »

Droits réservés (copyright) © Stéphane KISLIG & Illustrations
Plus d'informations : stephane.kislig(a)gmail.com
Création 100 % originale de K. Stéphane KISLIG

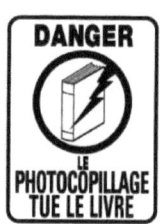

Jana la Déesse de l'Ordre Noir

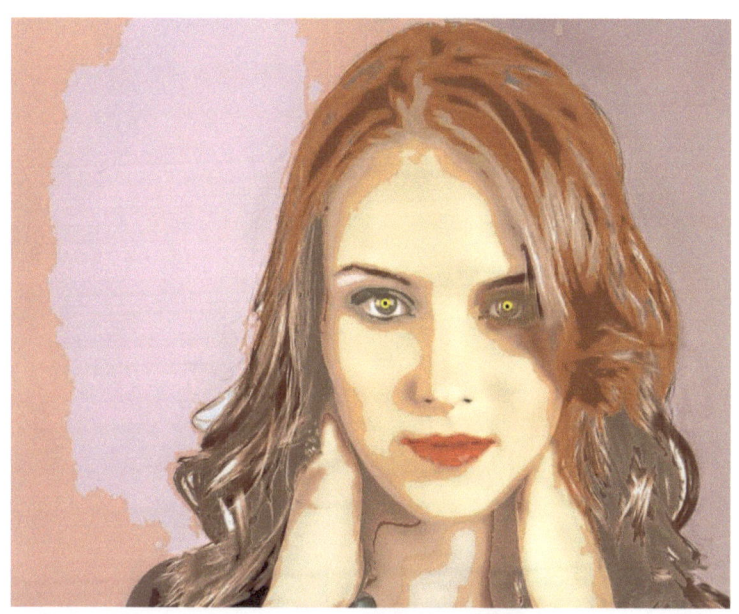

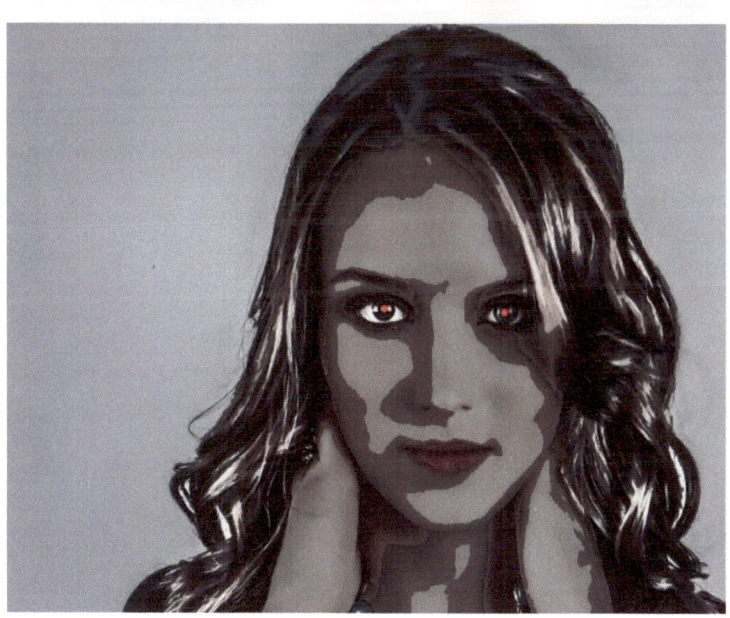

Jana la mante religieuse

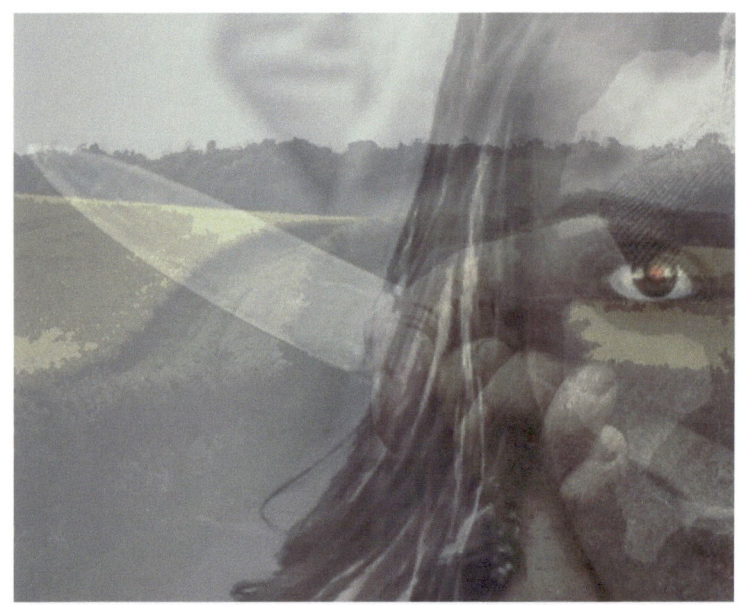

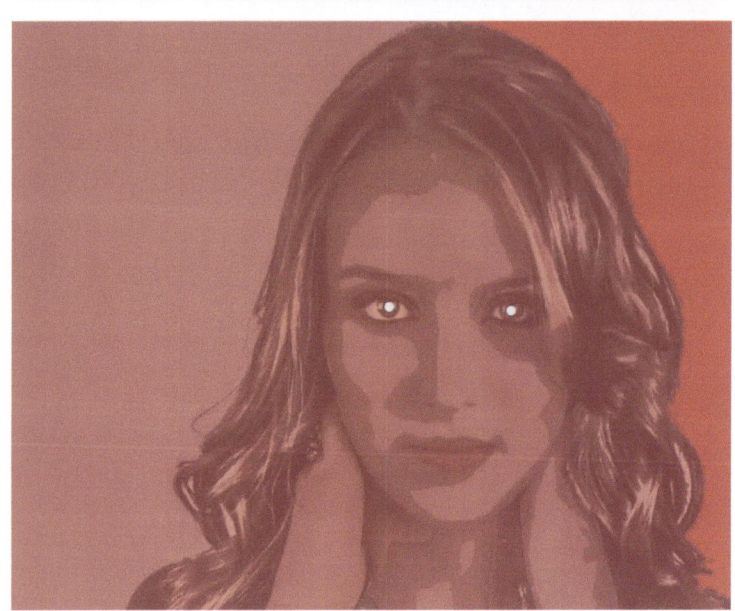

Jana la faucheuse de vie

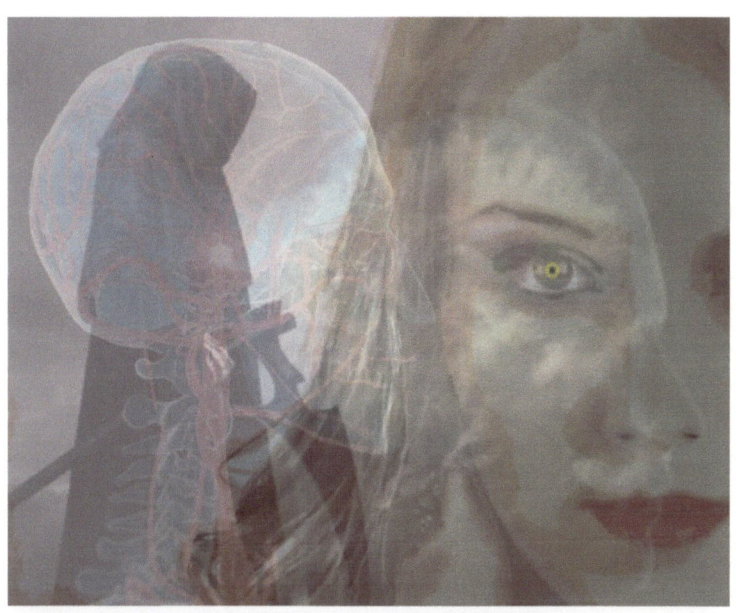
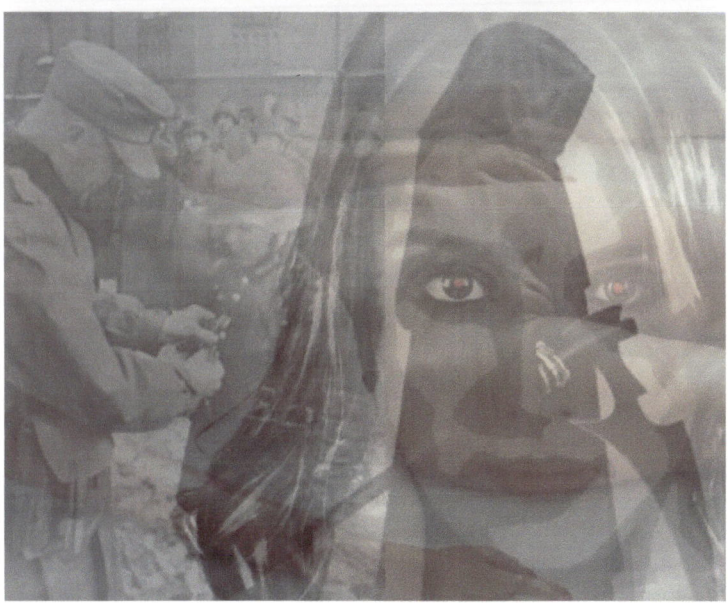

Jana la pulpeuse prêtresse

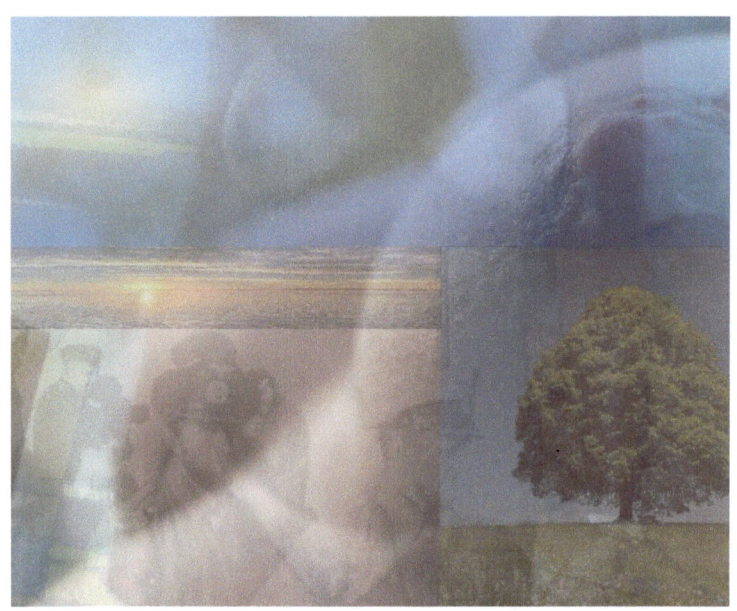

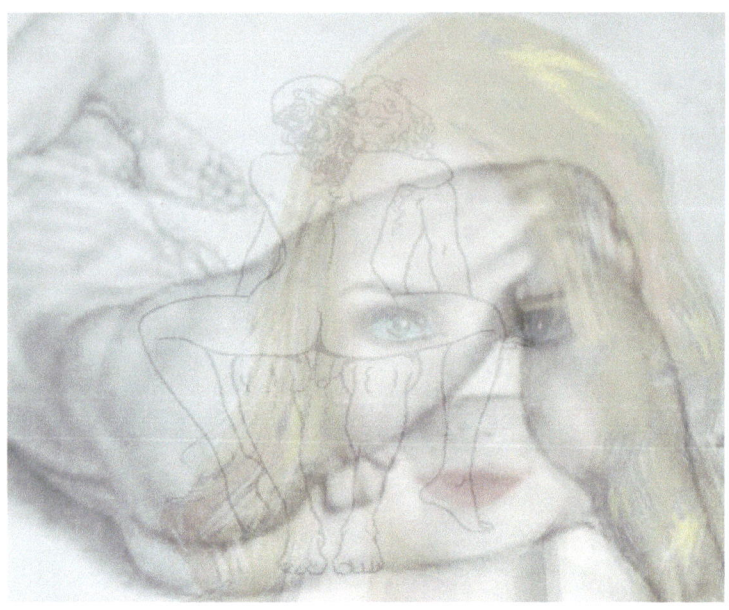

La guerre & L'Ordre Noir

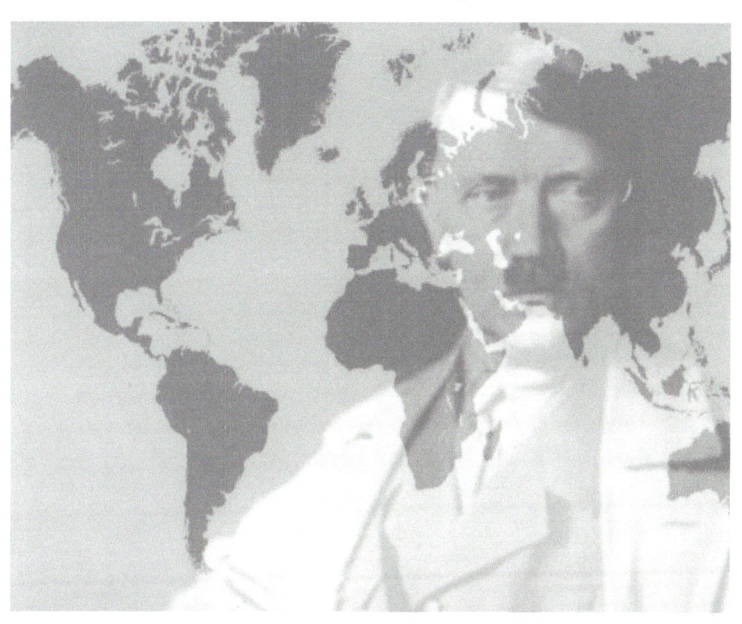

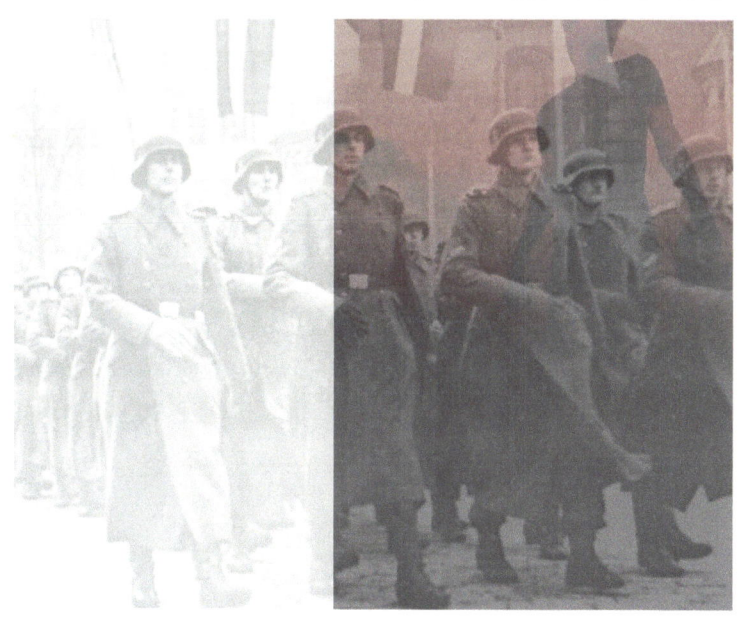

Les folles années selon Jana

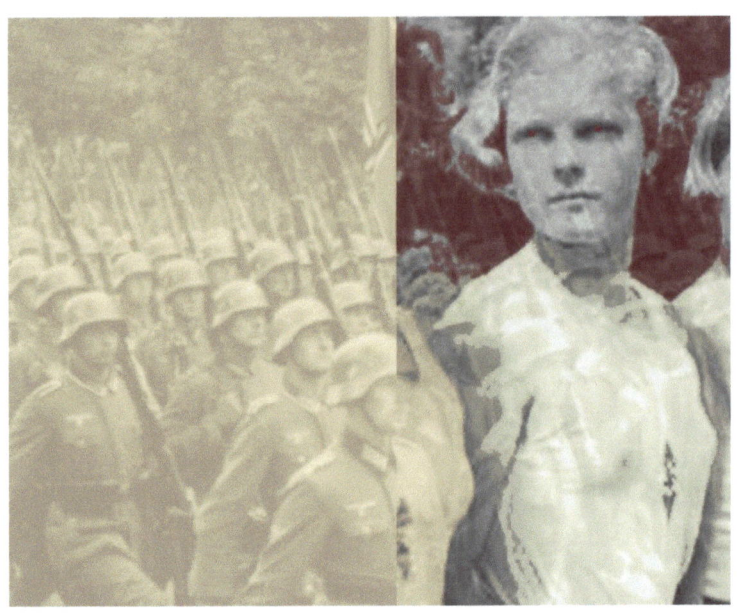

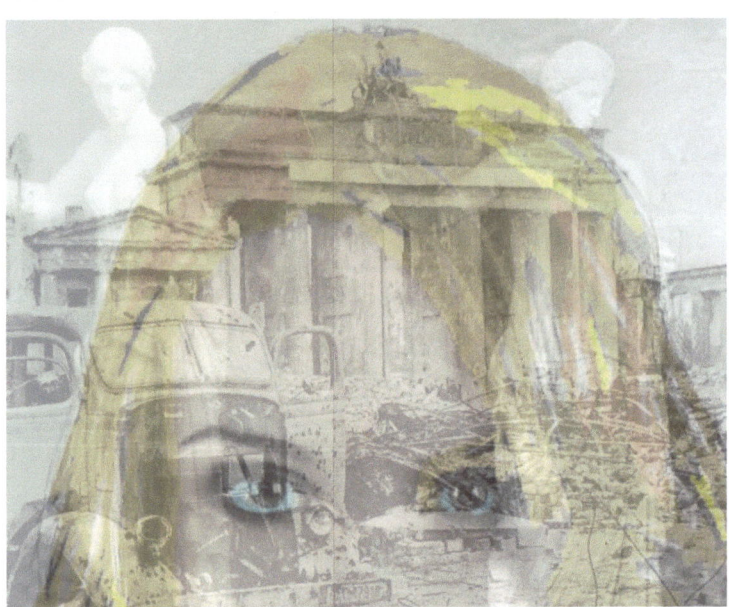

Jana, croyance en l'Ordre

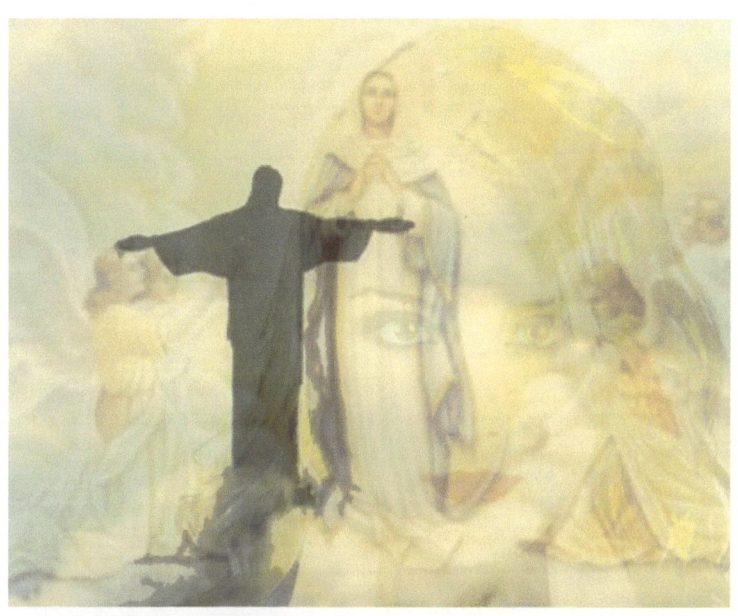

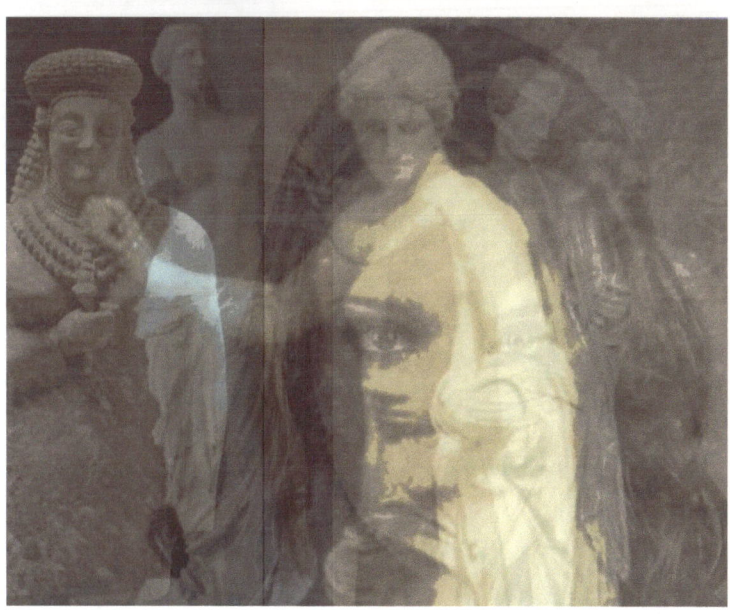

Jana, l'ambition d'un nouvel avenir

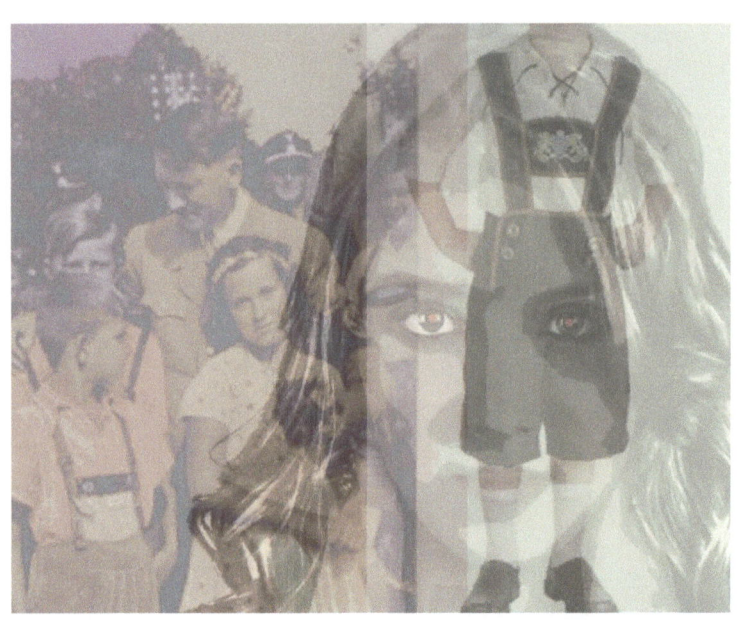

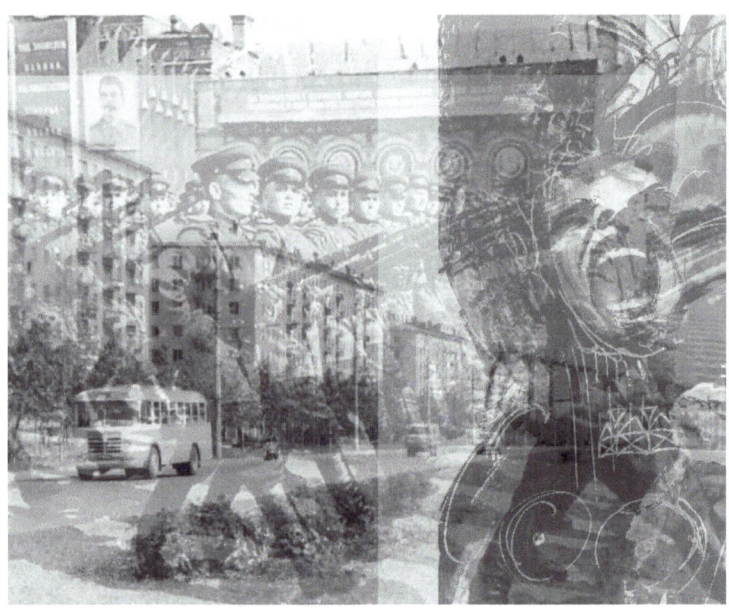

Himmler un père retrouvé

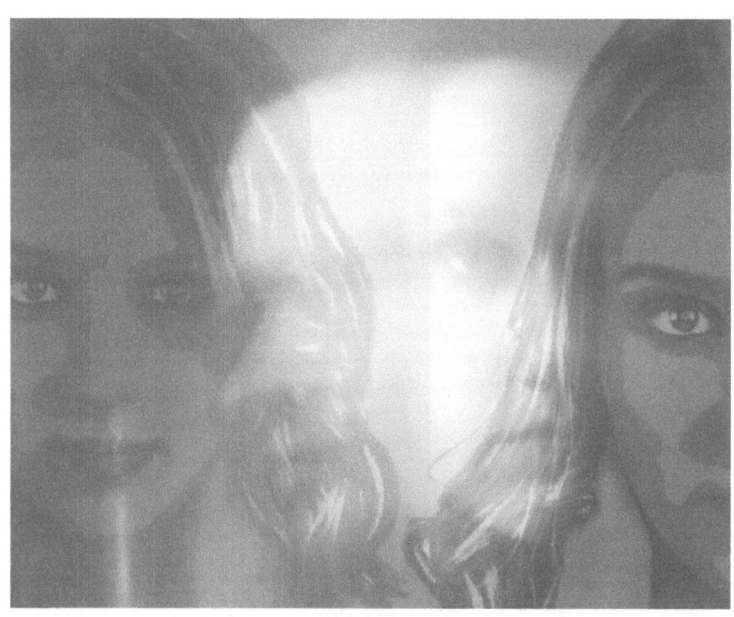

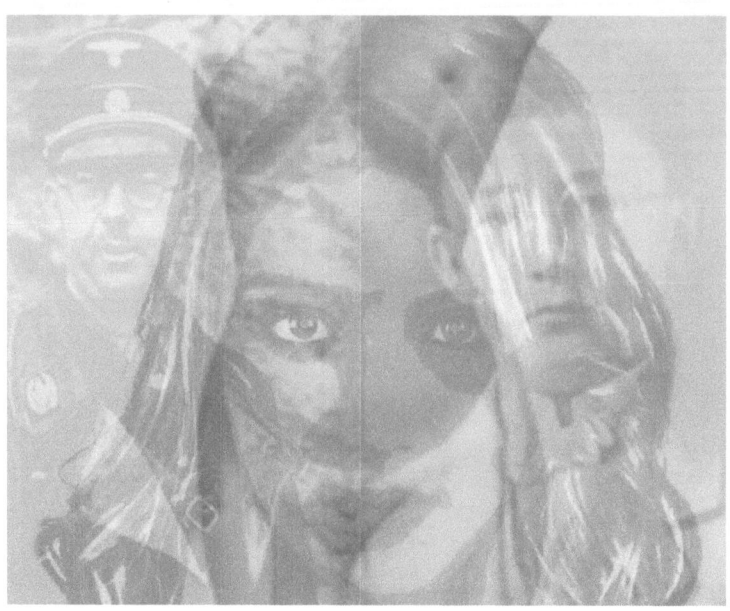

La lettre d'Himmler à Jana

« *Ma chère Jana,*
Je suis très heureux d'écrire ces lignes pour te révéler toute la vérité sur tes origines. Si tu lis ma lettre, c'est que tu nous as enfin rejoints. Tu es maintenant en sécurité au sein de la communauté. J'ai écrit cette lettre posthume à ton attention quelques jours avant ma mort. J'ai guidé depuis 1945 cette communauté sans relâche pour bâtir demain le projet éternel de notre bien-aimé Führer : construire la Nouvelle Grande Allemagne. Nous avons dû parcourir à bord des U-Boot un long chemin vers cette nouvelle liberté. A cette époque tu n'étais pas née, ma chère Jana, mais tu as vu le jour ici sur cette nouvelle terre. Ta mère et moi avons vécu un grand amour jusqu'au jour de ta naissance, où celle qui te donna la vie, la perdit mais sache qu'elle reste dans mon cœur pour l'éternité, elle qui, a participé sans relâche à la construction de notre petit Germania. Malgré mon chagrin, ta naissance m'a donné beaucoup de bonheur, mais j'ai très vite pris la décision de ne pas te garder près de moi et ce pour te protéger ! Me sachant recherché depuis de nombreuses années dans le monde entier, et craignant des indiscrétions au sein même de notre communauté National-Socialiste, j'ai décidé de t'envoyer vers une nouvelle vie en Pologne. C'est pour cela que j'ai mandaté l'homme qui m'était le plus cher, un homme a la confiance absolue, un homme dédié entièrement à son Führer, un homme bon, droit et honnête. Officier majeur de la Waffen-SS, cet homme était, tu l'as compris, celui-là même que tu as toujours considéré comme ton père, Alojzy. C'est l'homme qui a remplacé le père que tu n'as eu, c'est l'homme qui t'a éduqué, c'est l'homme qui t'a protégé, c'est l'homme qui t'a permis d'être ici face à moi aujourd'hui. Tu l'as aimé, n'est-ce pas ma chère Jana ? Je ne pouvais pas trouver un meilleur serviteur à notre cause. Alojzy restera l'homme qui t'a préservée jusqu'à aujourd'hui, faisant de toi ma digne héritière. Nous avons su vivre discrètement, modestement pendant de nombreuses années conformément à la volonté de notre vénérable Führer

Adolf Hitler. J'ai respecté sa parole sans relâche toutes ces années durant lesquelles nous avons construit pierre par pierre le monde de demain, la future élite du IVème Reich qui devra durer mille ans. Tu es tout simplement ma Chérie de la race des Seigneurs ! Sois fière de tes origines, sois fière du travail accompli, sois fière de mener demain le combat de toute une vie. L'holocauste n'est qu'un détail ma Chère Jana, le monde occidental n'a jamais compris notre doctrine, et encore moins les historiens qui n'ont de cesse d'organiser le mensonge orchestré. Tu es de sang parfait, et comme le souhaitait le Führer, tu seras dure comme de l'acier envers la Juiverie Impérialiste. Sache ma Chère Jana que tu retrouveras auprès de toi, ici chez toi, d'illustres héritiers de notre merveilleux passé. Ils te seront fidèles. Je n'ai pu suivre ton parcours, ni ta vie, mais tu trouveras dans ta nouvelle demeure, un album de photos de ta famille. Garde dans ton cœur ces souvenirs immortels, et qu'il t'aide demain à prendre les bonnes décisions pour mener à bien ce que je n'ai pas pu achever. Tu es aujourd'hui à la tête de vastes unités d'une nouvelle Waffen-SS, tu es responsable à la fois de l'endoctrinement et de la juridiction disciplinaire. Rappelle-toi ma chérie de cette phrase que j'ai prononcé dans un discours au début de 1945 : « Nos mauvais ennemis devront constater et comprendre qu'une intrusion en Allemagne, dût-elle réussir ici ou là, leur coûtera un prix qui équivaudra pour eux à un suicide national ». Garde cela en mémoire et n'oublie jamais tes origines : « Meine Ehre heibt Treue », mon honneur s'appelle fidélité, telle est ta devise, en tant que nouvelle représentante du National-Socialiste de la Schutzstaffe. Avant de te quitter, je bénis Alojzy d'avoir contribué à t'amener jusqu'ici. Je n'ai pas su si les moyens financiers attribués à Alojzy pour ton éducation ont été suffisants, mais aujourd'hui ma fortune est à toi. Utilise-la pour la bonne cause, sans discernement dans cette demeure où l'on t'attend à bras ouverts.
Aujourd'hui, je suis apaisé de te savoir près des tiens.
Je t'embrasse tendrement Jana. Signé Heinrich Himmler ».

La folie & la haine de l'humanité

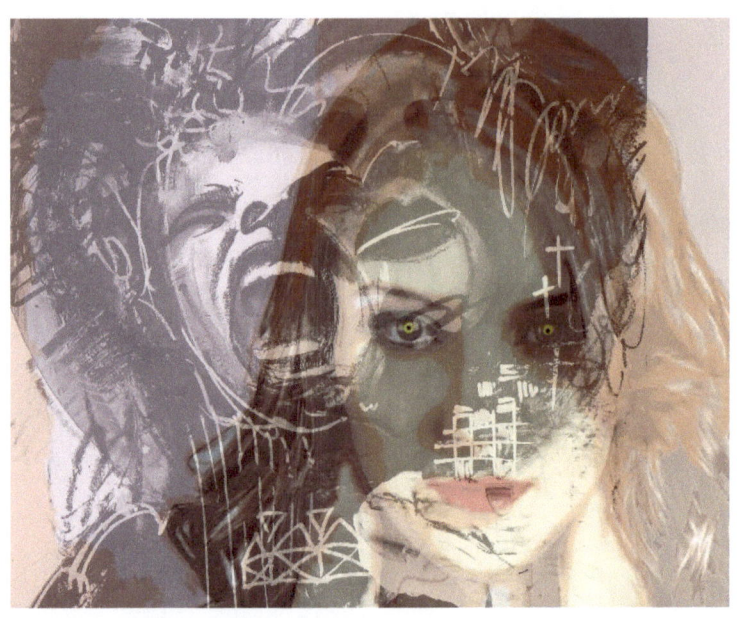

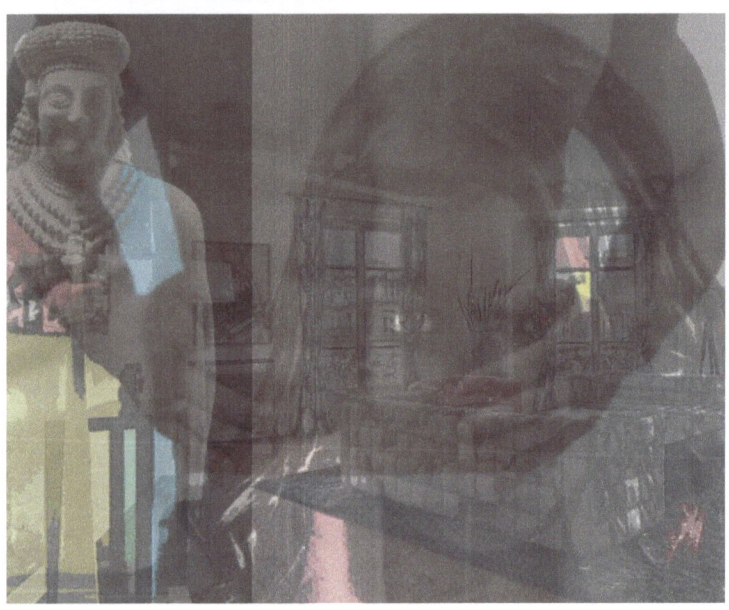

Jana la perverse aux multiples visages

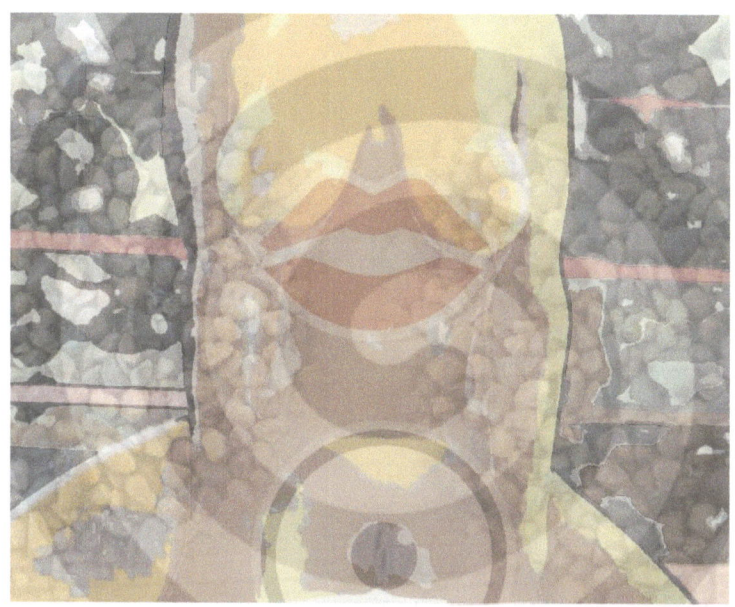

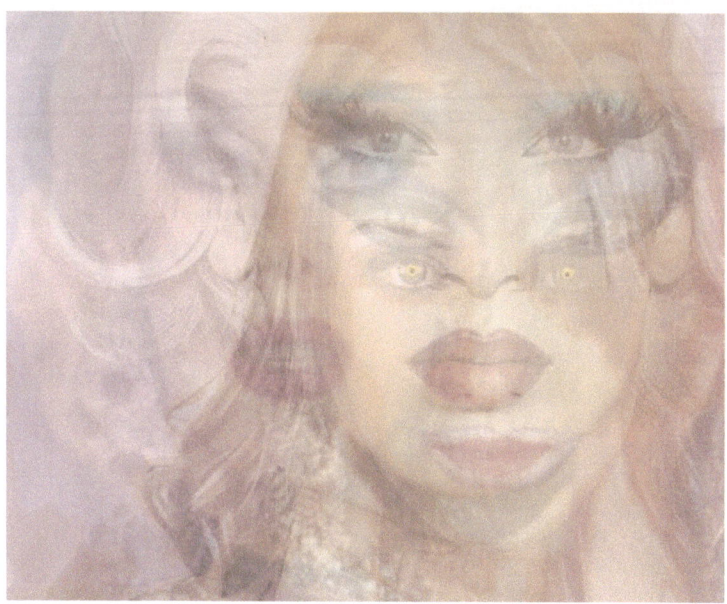

Berlin, Londres, fantasme du passé

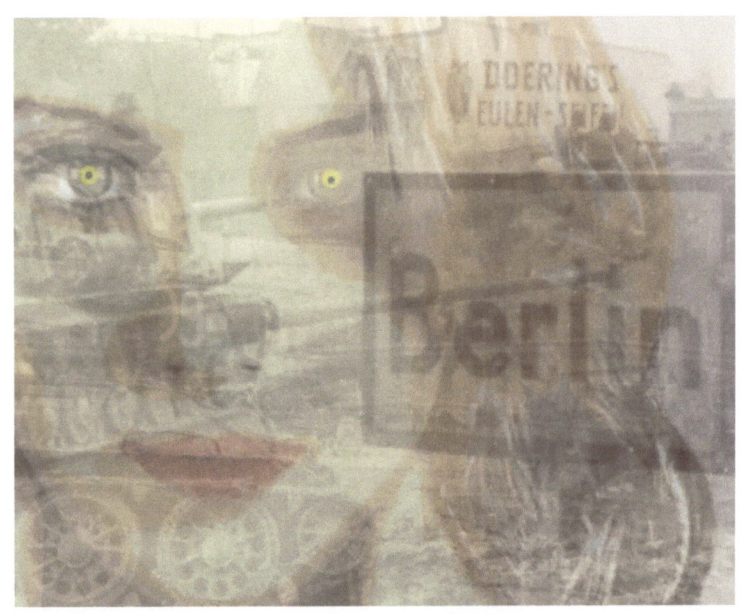

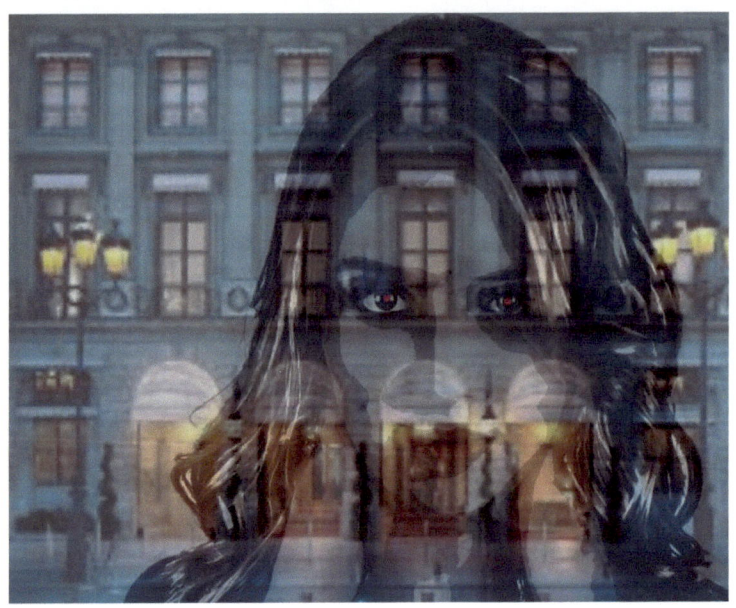

Pacifique & U-Boot

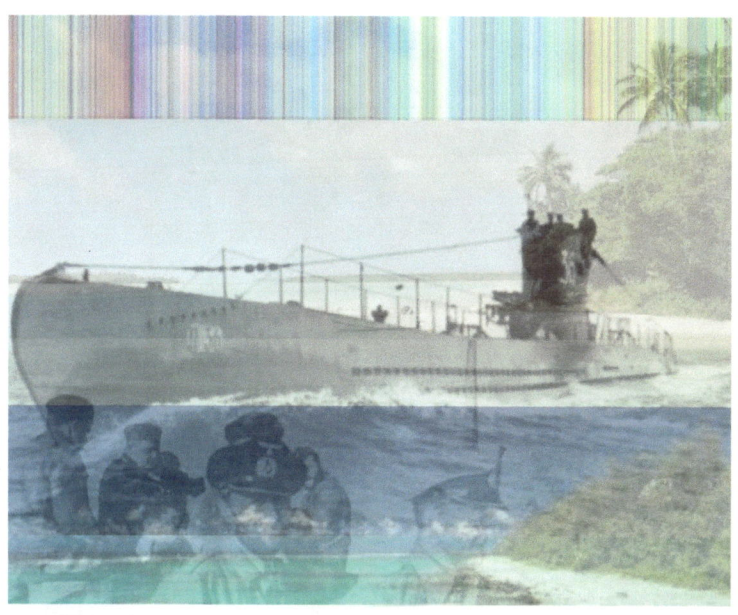
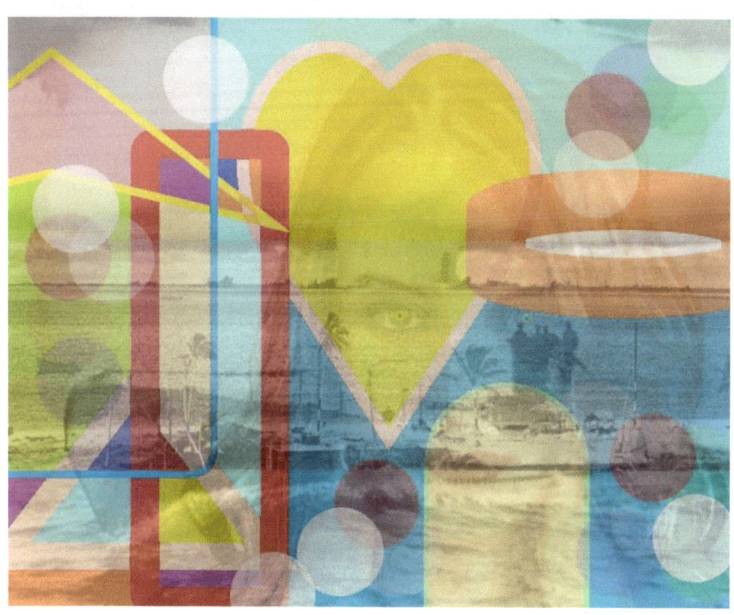

L'atome de la discorde

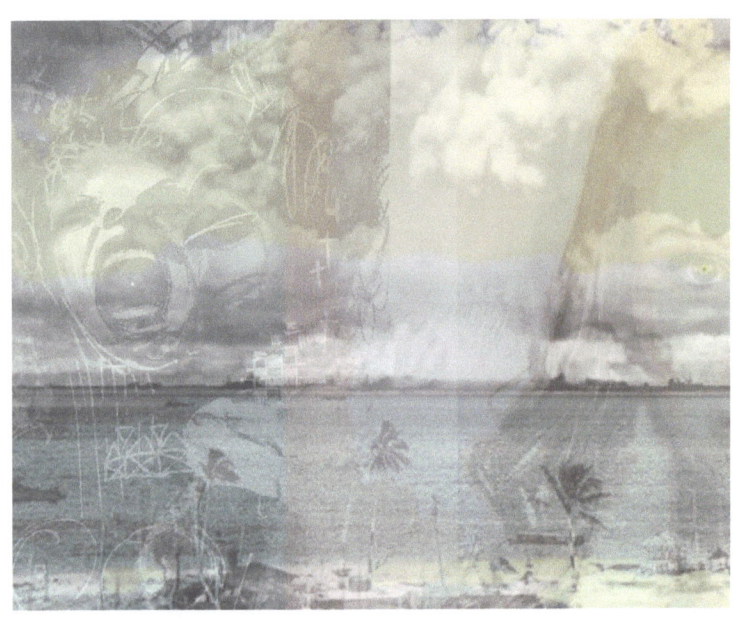

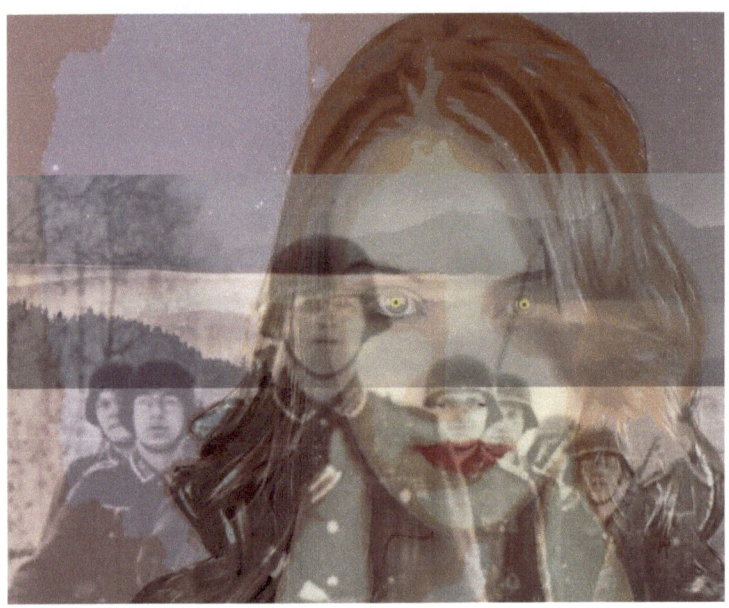

Jana, faschisme, discours et crimes

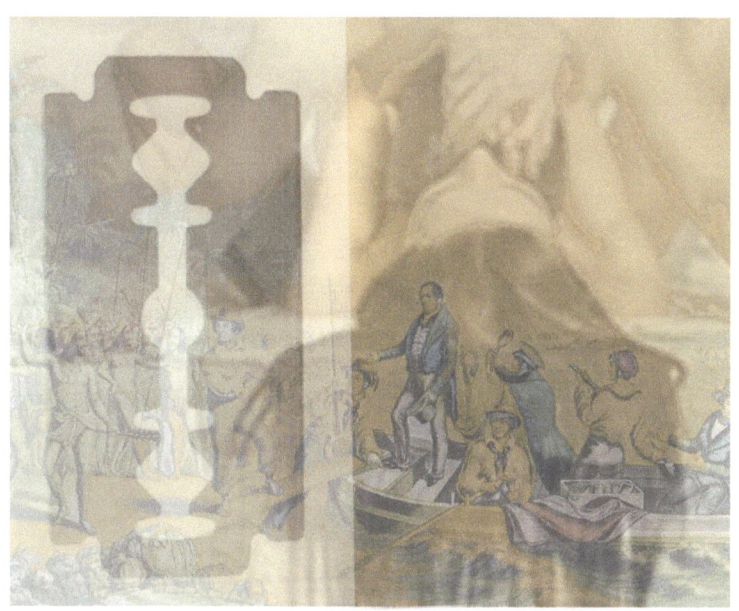

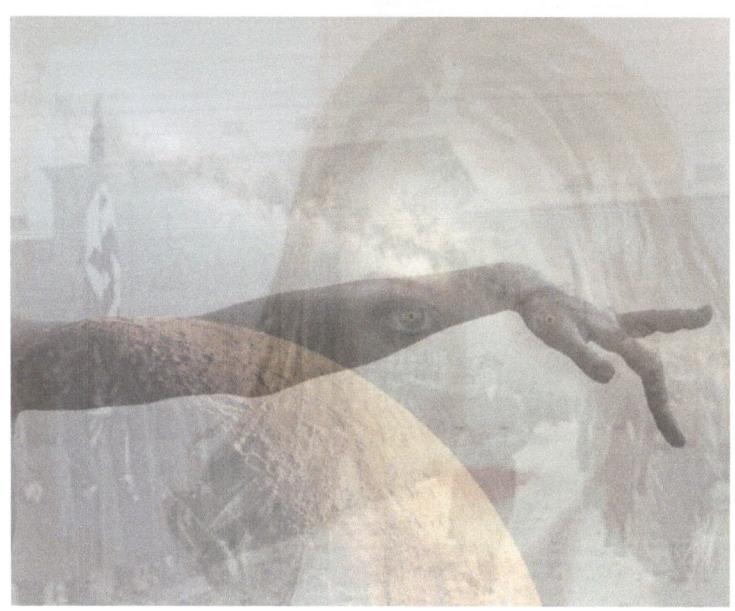

Gin Tonic & Mike, la rencontre d'une vie

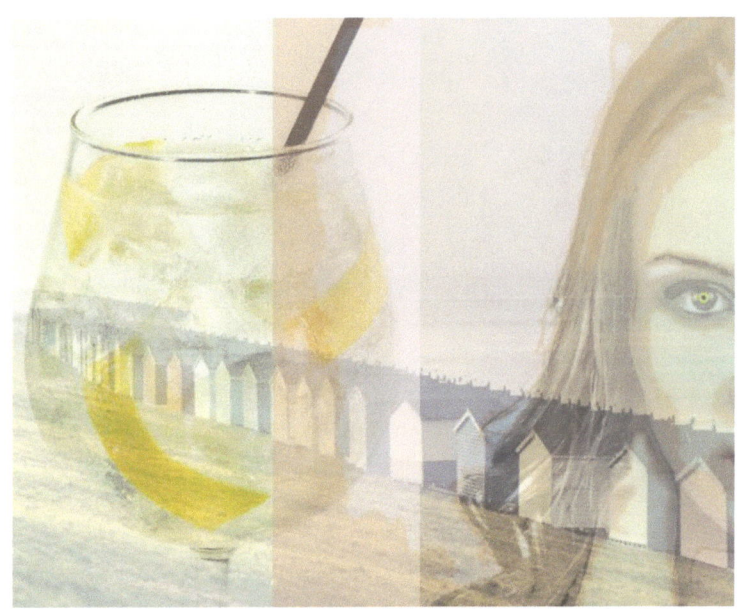

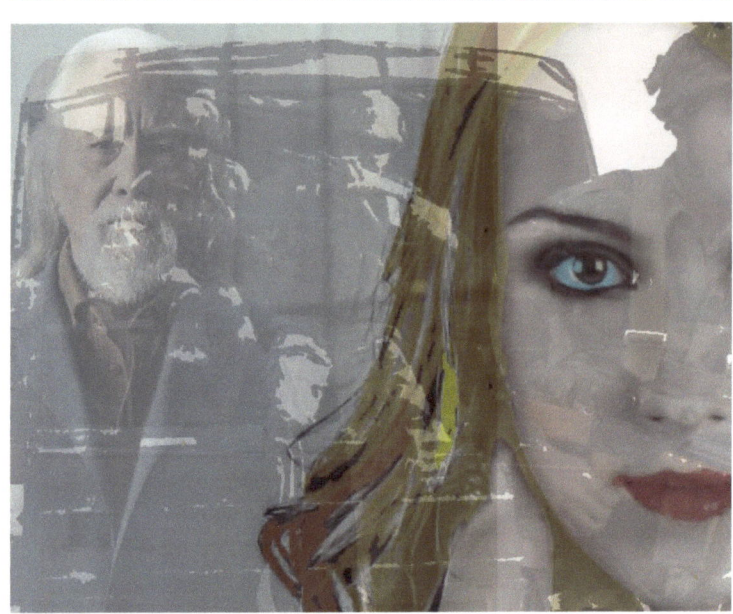

Les *Illuminati*, sont-ils les maîtres du monde ?

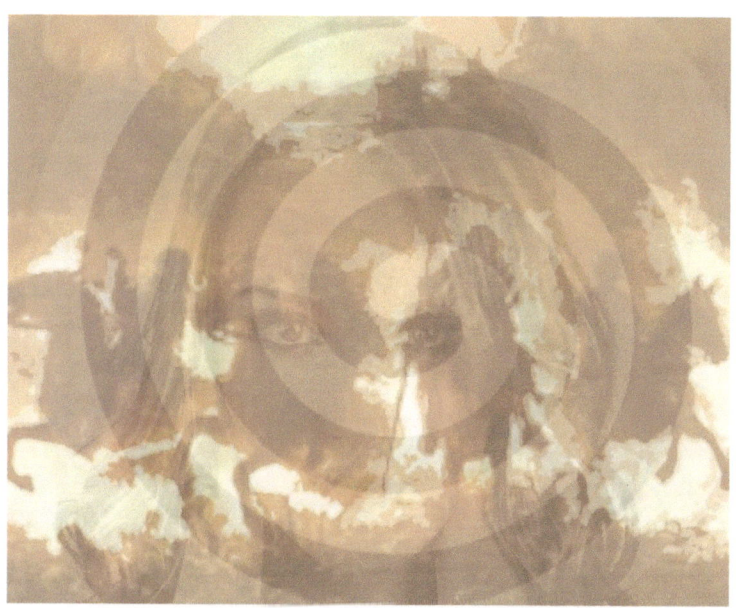

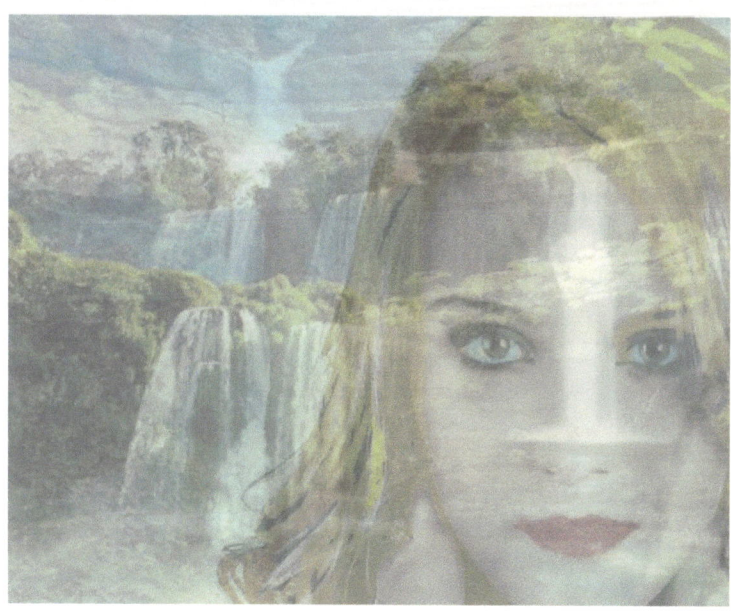

Jana, la volupté décadente

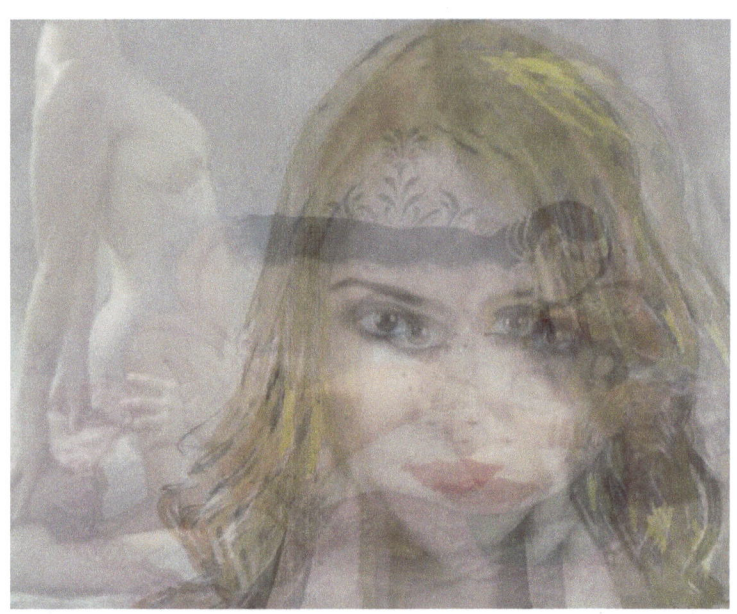

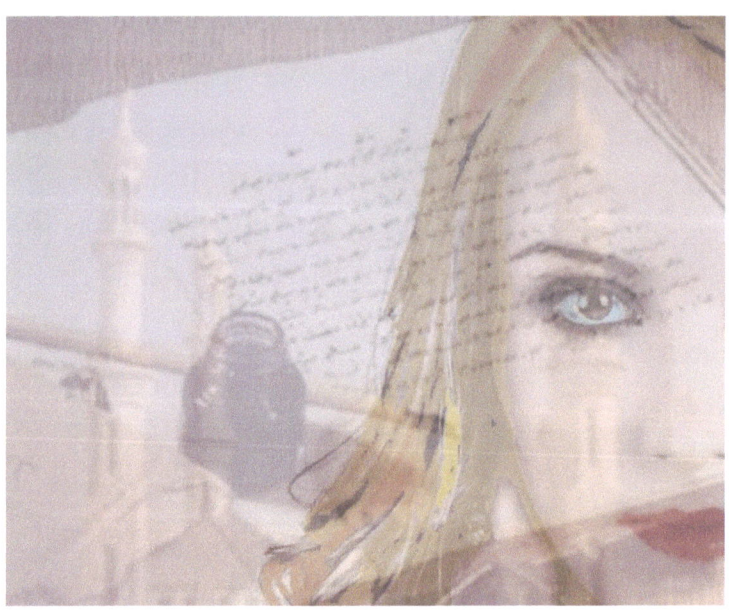

La folie, le cœur même de son existence

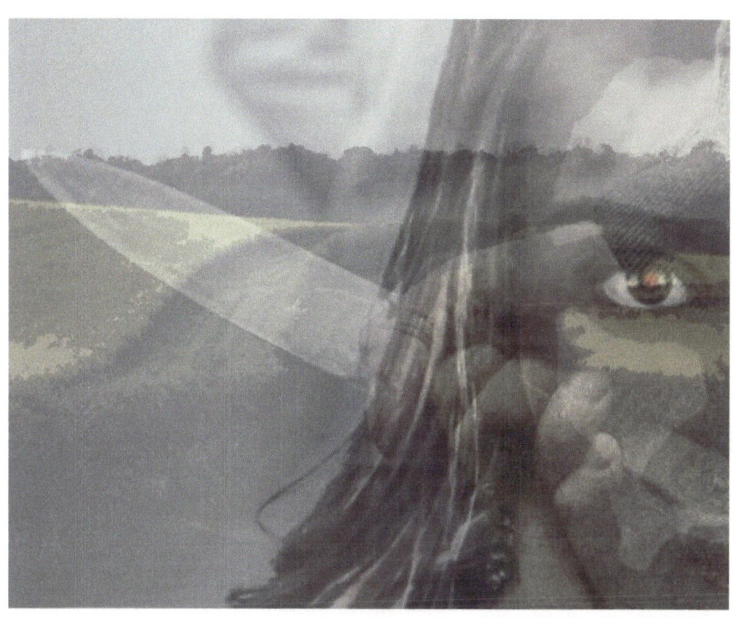

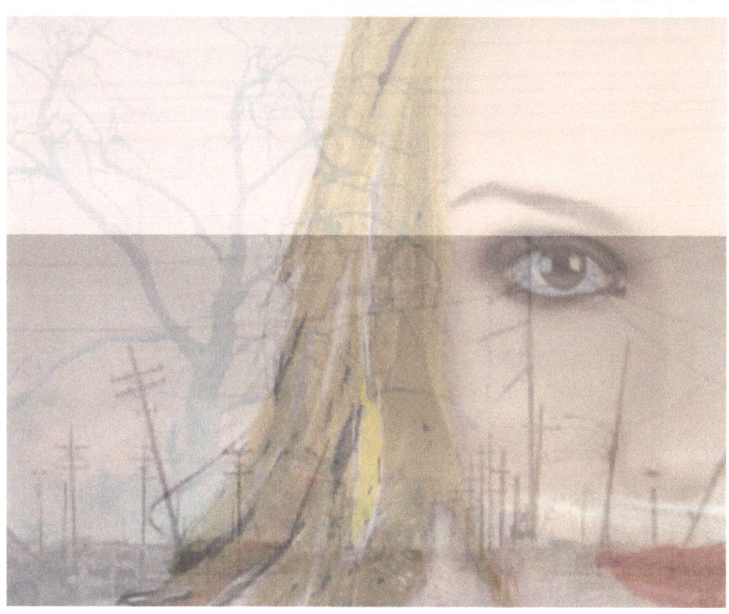

Jana, et la fin de l'humanité

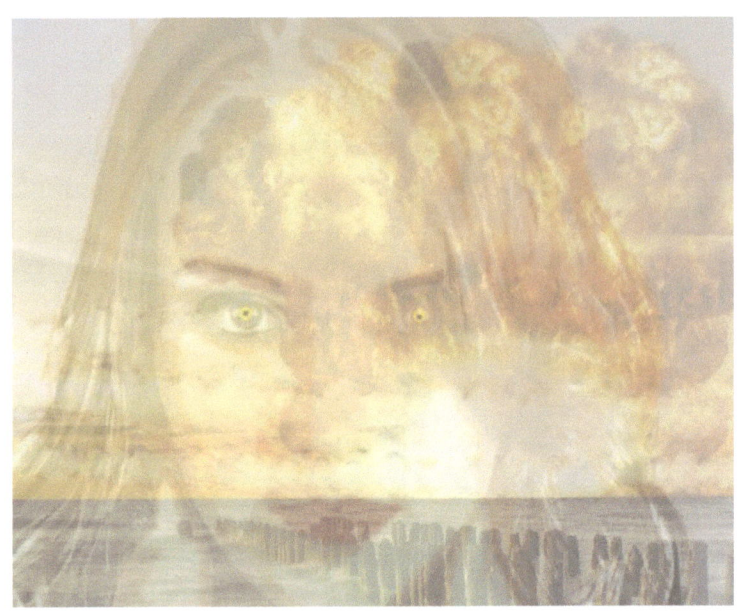

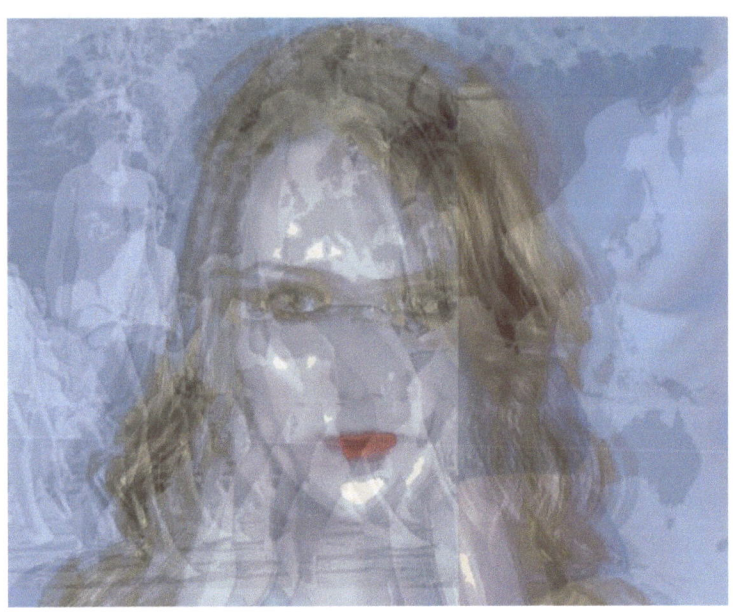

Le labyrinthe de la folie

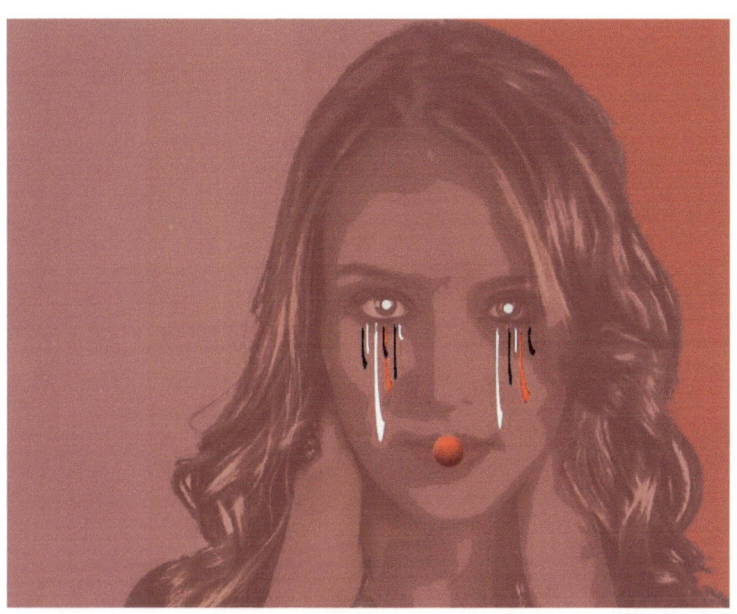

Absente et immobile, gisant dans son sang,
La *petite* Jana rejoint les siens pour son ultime voyage,
La fin de son mensonge …
Illuminée, elle s'approche, vers la Lumière !
Pour épouser le nouveau monde de Salomon,
Elle, *la petite Juive*, sans vie, et sans âme !
La réalité n'est pas constituée de matière,
Mais de vibrations qui échappent au temps, et à l'espace,
La vie après la vie ?
C'est l'angoisse éternelle de l'Humanité !
Helmut prépare toi,
Toi, et les tiens à périr tôt ou tard !
L'ange de la mort a été créé par Dieu,
Son domaine n'est pas le paradis parait-il …
Alors Helmut, prépare-toi à retrouver un jour ou l'autre,
La belle faucheuse qu'était Mlle Jana Adamczak,
La *petite Juive* Polonaise …

Elle vous attend tous maintenant, au côté de Joe le marcheur !

Le dernier décollage de Jana !

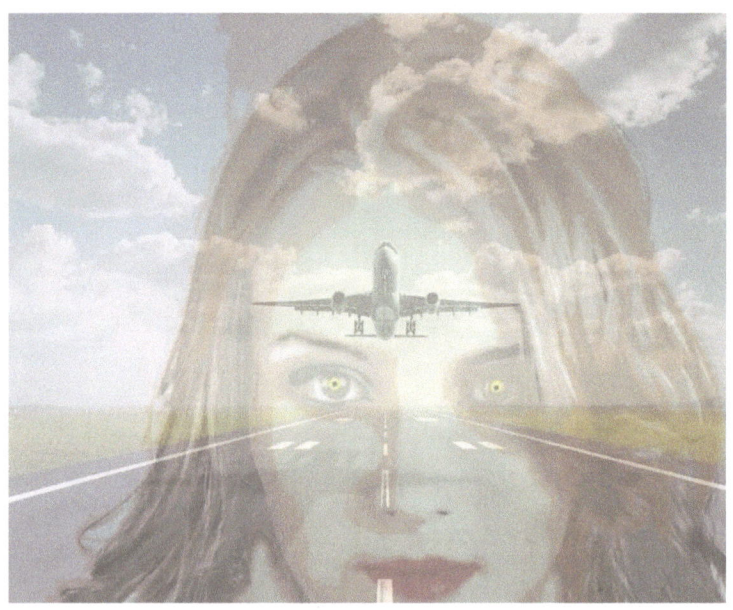

Retrouvez tous les livres de Stéphane Kislig & K. sur Amazon France - Commande en ligne :
- ♥ Le roman : *Une Existence*
- ♥ Le thriller : *Ombres à l'Est*
- ♥ *Les 83 illustrations d'une Existence*

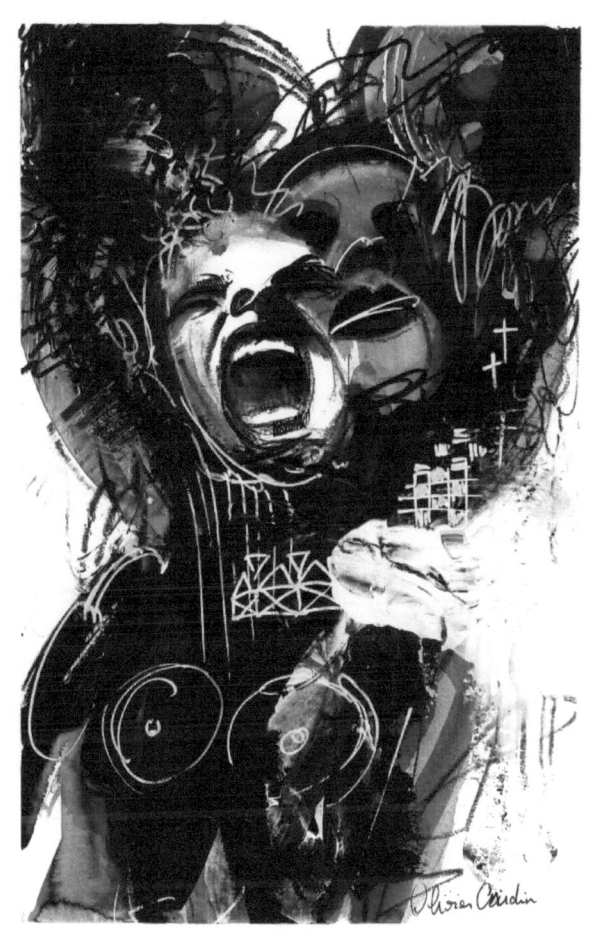

Mes remerciements,

À l'artiste peintre Oliver CARDIN pour la couverture du livre « *Le labyrinthe de la folie* ».
Stéphane.

www.ingramcontent.com/pod-product-compliance
Lightning Source LLC
Chambersburg PA
CBHW041945240526
45473CB00033B/590